AF315879

42

Lᵒ 180.

DÉBITEURS D'ASSIGNATS,

OU

RÉPONSE

A UNE PÉTITION

SOUS LE NOM DE PLUSIEURS CITOYENS DE DIJON,

ADRESSÉE à chacun des Membres du Corps Législatif, relativement à l'échelle proportionnelle des remboursemens, dont le principe a été adopté au Conseil des Cinq-Cents, le 28 frimaire dernier.

LE conseil des cinq-cents, dans sa séance du 28 frimaire dernier, a arrêté en principe, que les obligations souscrites, à dater du 1er. janvier 1790 jusqu'au 1er. janvier 1796 (v. st.), seroient remboursées d'après le cours de la trésorerie nationale, en prenant le terme moyen entre les dix jours antérieurs et les dix jours postérieurs.

Ce principe, que les débiteurs pouvoient seuls attaquer, attendu la rareté du numéraire, ce principe qu'ils ont respecté comme juste, a excité les plaintes les plus amères de la part des auteurs de la pétition.

E

Ils ont accusé le conseil de prévention ; ils ont poussé la démence jusqu'à annoncer (page 6), que *si la loi projetée recevoit son exécution, elle feroit abhorer à leurs enfans une révolution* pour laquelle leurs pères avoient fait de bon cœur tant de sacrifices.

Si les erreurs, les écarts dans lesquels sont tombés les pétitionnaires, étoient tous aussi révoltans, nous nous dispenserions d'y répondre ; mais l'intérêt de la justice et de la vérité nous force à démontrer la fausseté des assertions à la faveur desquelles les pétitionnaires s'efforcent d'apitoyer sur leur sort et d'indisposer les conseils contre les débiteurs.

Nous extrairons de cette pétition ce qui nous paraîtra mériter quelqu'attention, et nous la réfuterons partie par partie.

PAGE Ire. ET IIe. DE LA PÉTITION.

Trois cent mille pères de famille ont été frappés d'un coup affreux, lorsqu'ils ont connu le principe arrêté par le conseil des cinq-cents.

Quel rapport y a-t-il entre les opérations financières de la trésorerie, et celles d'infortunés pères de familles, qui, dormant tranquilles sur les assurances que

(3)

leur donnoient les législateurs sur la solidité des assignats, n'ont jamais dû prévoir leur avilissement, leur anéantissement?

S'il existe *trois cents mille créanciers*, il n'y a point de raison pour qu'il n'existe pas trois cent mille débiteurs; or, les uns comme les autres, étant enfans de la même patrie, citoyens de la même république, ont un droit égal à l'intérêt des législateurs, sauf la faveur particulière qui accompagne toujours la libération et par conséquent le débiteur.

Les opérations de la trésorerie ont cela de commun avec le résultat des transactions particulières, que seules authentiques, elles peuvent seules constater d'une manière juste la véritable valeur des assignats, relativement au numéraire, à telle ou telle époque.

Des lois révolutionnaires, rendues sous le régime de la terreur, ont pu ordonner qu'on prît les assignats au pair, ont pu prononcer des peines contre ceux qui les déprécieroient; des rapports qui n'étoient pas suffisamment mûris, des opinions exagérées ont pu, dans ces derniers temps, présenter nos ressources comme suffisantes au retirement successif et sans démonétisation des assignats; mais jamais, depuis la chûte du tyran Robespierre, ni les prêteurs, ni les emprunteurs de bonne foi n'ont osé assimiler le papier-monnoie à l'or.

En effet le sort de tout papier-monnoie est de perdre plus ou moins de valeur, suivant que l'émission en est plus ou moins considérable : il n'a qu'une valeur purement hypothétique, de convention, absolument subordonnée aux circonstances politiques ; mais aucune loi ne peut donner *réellement* à un papier-monnoie une valeur qu'il a perdue; de même une loi juste ne peut ordonner que le débiteur rende plus qu'il n'a reçu *réellement*; et cette *réalité*, si fort controversée, est le but que l'échelle de proportion veut atteindre.

Si les pétitionnaires ne s'étaient pas laissé aveugler par leur intérêt particulier; s'ils avoient étudié les principes de la matière, ils auroient reconnu combien il existe souvent de différence èntre la valeur nominale et celle réelle du papier-monnoie.

Ils se seroient convaincus de ces vérités :

1°. Que le change étranger est le seul véritable régulateur de la valeur du papier (1) monnoie.

____

(1) Ils ne se seraient pas plaints (page 8), « de ce que

2°. Que le débiteur qui a reçu des assignats, qui n'a point promis et qui n'a pu promettre de payer en écus , ne doit que ce qu'il a reçu , c'est-à-dire, des assignats.

3°. Que le signe qui a servi de base aux transactions , les assignats n'existant plus , le débiteur ne peut et ne doit payer que la représentation de ce qu'il a reçu , c'est-à-dire , la somme d'argent que représentoient les assignats au jour du prêt.

4°. Et enfin , que *l'avilissement, l'anéantis-*

» la trésorerie nationale.... se procurait du numéraire à quel » que prix que ce fût , et offrait *généreusement* , dans le mois- » de juin 1795, *d'après le cours de Bâle* , qui fixait à-peu-près » le sien , un assignat de 10,000 l. à qui lui donnerait 350 l. » en espèces. » Pourquoi les offrait-elle à ce prix ? parce que les 10,000 liv. assignats ne valaient réellement que les 350 liv. écus dont elle avoit besoin.

L'immortel auteur de l'esprit des lois , dans cet ouvrage , (livre 22 , chapitre 10) , après avoir rendu compte des différentes variations qu'avait éprouvé le papier de banque de Law , s'exprime en ces termes :

« C'était le change qui devait, en ce cas, régler en France » la proportion de l'argent avec le papier. Je suppose que , » par le poids et le titre de l'argent , l'écu de 3 l. d'argent » valût quarante gros de Hollande , et que le change se » faisant en papier , l'écu de 3 liv. de papier , ne valût que » huit gros , la différence était de quatre cinquièmes ; *l'écu* » *de 3 liv. en papier , valoit donc quatre cinquièmes de moins que* » *l'écu de trois liv. en argent.* »

sement des assignats sont absolument étrangers
et aux débiteurs et aux gouvernans, qu'ils sont
l'effet necessaire de huit années de révolution
et de six ans d'une guerre dont les succès ont
étonné toute l'Europe.

PAGE II.

Examinons maintenant si cette masse
de débiteurs auxquels *vous vous intéressez si
vivement,* mérite en effet plus de commiséra-
tion que leurs malheureux créanciers.

Les débiteurs antérieurs à 1791, ont
eu le mérite de ne pas rembourser.

Les autres sont des *intrigans* qui ont fait
des acquisitions immenses de biens nationaux, des *agioteurs*, qui, empruntant
de toutes mains, ont fait des *bénéfices
énormes sur des matières d'or et d'argent* ; des
négocians qui ont eu l'art d'employer avec
fruit les assignats en *accaparement de denrées de première necessité* , pour les revendre
ensuite en numéraire ; ce sont des com-
merçans de nouvelle fabrique, presque
tous *ennemis du régime républicain*, plaçant
leurs capitaux à 400 pour cent et au-delà ,
et qui ont tellement accru leur fortune ,
qu'en décrétant aujourd'hui le rembour-
sement en totalité *numérique de leurs engage-*

mens, il resteroit encore à la majorité de ces mêmes débiteurs, une fortune peut-être *décuple* de celle qu'ils possédaient avant la révolution.

R É P O N S E.

En lisant cette diatribe contre les débiteurs, nous nous sommes demandés si son rédacteur n'étoit pas membre de quelque comité révolutionnaire; nous y trouvons des imputations *d'intrigue, d'agiotage, de commerce d'argent, d'accaparement, de haine au régime républicain*; une seule de ces imputations, contre une classe de citoyens, aurait suffi sous les Robespierres pour faire porter vingt têtes sur l'échafaud.

Ces calomnies prodiguées contre les débiteurs, loin d'indisposer contre eux le législateur impassible, les rendra plus favorables à ses yeux.

Sans doute, dans le grand nombre de débiteurs d'assignats, il peut en exister quelques-uns qui ne soient pas à l'abri de tous reproches; mais aussi, on peut dire, avec vérité, qu'il n'y a que l'immoralité la plus profonde, qui soit capable de souiller le papier d'invectives pareilles à celles hasardées contre les débiteurs, sur-tout lorsque les faits ne sont pas prouvés, lorsqu'ils sont de nature à ne pouvoir l'être, lorsque ces imputations s'adressent à une classe d'autant plus respectable, qu'elle est plus nombreuse (1).

Ces débiteurs, si calomniés, ont cependant le mérite de n'avoir pas remboursé, au moins, leurs calomniateurs.

Si ces débiteurs, au lieu d'être des intrigans, etc. etc. etc., n'étoient que d'infortunés rentiers de l'état qui n'étoient payés de leurs rentes, par la république, qu'en assignats, successivement de plus en plus dépréciés, s'ils étoient des comptables, des parens d'émigrés, et en l'une ou l'autre de ces qualités, ayant leurs revenus séquestrés, combien ne seroient-ils pas à plaindre d'être forcés à payer, en numéraire, la valeur nominale, des sommes énormes d'assignats, qu'ils n'ont empruntées que pour se procurer, à eux et à leur famille, le plus urgent nécessaire?

Les pétitionnaires veulent être payés en numéraire, et sans réduction, de leurs créances d'assignats. Ils accusent les débiteurs d'agiotage, de haine pour le papier-monnoie : nous

---

(1) La pétition, qui ne porte pas le nom de l'imprimeur, annonce trois cents mille creanciers, au moins : en adoptant cette hypothèse, il faut supposer autant de débiteurs, ou, du moins, moitié ; ainsi, la calomnie frapperoit sur plus de 150,000 personnes.

avouerons notre ignorance de certains faits lo-
caux de la révolution ; nous n'avons jamais ap-
pris qu'à *Dijon*, les blés, les vins, les terres, les
maisons, les salaires d'ouvriers, de membres de
comités révolutionnaires, de gardiens de scellés,
fussent restés invariablement fixés au même taux,
c'est-à-dire, à celui de 1790, malgré le discrédit
du papier-monnoie. Or, si les prix, les salaires
ont été croissant *nominalement* à Dijon, comme
ailleurs, les créances, et elles en peuvent résulter,
doivent être soumises à une réduction propor-
tionnée à l'excès de cet accroissement.

Demander davantage, à la faveur d'une dé-
tresse supposée, c'est être coupable d'une intention de vol, dont des intrigans seuls peuvent
être capables. Si ce système étoit adopté, ce
seroit alors les pétitionnaires qui auroient placé, *non pas à 400, mais à 4 et 8,000 pour $\frac{o}{o}$, et
même au-delà, et qui acquéreroient une fortune,
non pas d'écuple, mais centuple et deux centuple
de celle qu'ils possédoient avant la révolution.*

PAGES 4 et 5.

Les débiteurs ont fait des bénéfices *immenses*, sont propriétaires d'*immenses* biens
nationaux, payés des deniers d'autrui, soit
par suite d'emprunts libres, soit en exécu-

tion du décret du 5 juin 1793; peuvent-
ils jouir du bénéfice de l'échelle ?

D'autres, sont des négocians, des ban-
quiers, qui renouveloient annuellement
leurs engagemens. Les fonds que leur ont
prêtés les créanciers, représentoient des
fonds d'écus, soit qu'ils fussent ancienne-
ment entre les mains de ces négocians,
soit que, provenans ou de liquidations ou
de remboursemens, ils aient été placés depuis entre les mains des emprunteurs.

RÉPONSE.

Ces bénéfices immenses, qu'on dit avoir été
faits par les débiteurs, sont allégués, mais ne
sont pas prouvés.

S'ils sont supposés, le débiteur n'en est que
plus à plaindre, mais n'en doit pas moins à son
créancier.

S'ils sont réels, ils appartiennent en entier
aux débiteurs, sans que leurs dettes puissent
être augmentées, sans que les créanciers y aient
le moindre droit.

En effet, dans ces hypothèses, la créance résulte d'un prêt ; or, 1°. le prêt est exclusif de
toute idée de société.

2°. Point de société, lorsqu'elle n'est point
l'effet d'une convention formelle et expresse.

3°. Enfin, une société, par suite de laquelle on partageroit les bénéfices sans entrer dans les pertes, est contraire à tous les principes de justice et d'équité ; c'est ce que les jurisconsultes appellent une société *léonine*.

A l'égard des obligations résultantes d'effets de commerce renouvelés, elles doivent être assujetties à l'échelle, comme les autres, à moins que la date du prêt originaire ne soit rapportée dans la dernière obligation.

En effet, à chaque renouvellement de billet, le débiteur a dû tenir, a tenu ses fonds prêts, et à la disposition du créancier. Si celui-ci ne les a pas reçus, c'est qu'il a voulu prêter à compte nouveau ; alors, le compte ancien se trouve soldé par la remise de l'ancien titre, et par l'acceptation du nouveau.

Ceux des prêteurs qui, ayant touché, en 1794 ou en 1795, le montant de liquidations ou de remboursemens de fonds d'écus, ont placé ensuite ces assignats ; ceux-là, sans doute, sont fort à plaindre ; mais la perte qu'ils ont éprouvée, est étrangère au débiteur actuel, qui n'a reçu que des assignats plus ou moins dépréciés ; elle est du fait, soit du gouvernement, soit de leurs débiteurs originaires ; mais le débiteur nouveau n'est tenu à la restitution, au payement que des sommes qu'il a reçues, *ou de la valeur justement représentative.*

PAGES 5 et 6.

Pourquoi le sort des créanciers de particuliers seroit-il donc plus malheureux que celui des créanciers de l'état, si bien traités par le décret du 28 thermidor ?

Les créanciers d'assignats ne sont pas du nombre des *vampires engraissés* aux dépens de la république, ce sont des pères de famille seuls qui ont eu la foiblesse de faire des prêts ; la plupart n'entendant rien aux affaires, ni à l'administration des biens ruraux, dont le prix d'ailleurs, en 1794 et 1795, s'étoit tellement élevé au-dessus des valeurs anciennes, que toujours confians, ou, pour mieux dire, toujours aveugles sur le crédit du papier-monnoie, aucun ne pouvoit se persuader qu'il dût jamais éprouver une évaluation différente de l'or et de l'argent dont il étoit l'image.

RÉPONSE.

Les créanciers de l'état sont bien traités par la loi du 28 thermidor.

Oui, sans doute ; la république leur a *promis* d'être juste envers eux, de faire pour eux des

(13)

efforts, de leur payer un quart de leurs rentes ; payement qui n'est pas encore effectué. A l'é-gard des trois autres quarts, l'époque de leur payement est encore indécise.

Mais qu'a de commun une dette constante avec des obligations, dont le montant, en nu-méraire, n'est pas fixé, et dépend de calculs à faire ?

Passons aux autres objections.

Nous sommes bien éloignés d'imiter les péti-tionnaires dans leur systême calomnieux ; ils ont injurié les débiteurs : nous ne nous écar-terons point des égards que nous devons aux créanciers. Cependant nous ne pouvons nous dispenser d'observer combien il est ridicule de prétendre que, dans le grand nombre de créan-ciers, il n'existe pas un seul nouvel enrichi ; que des pères de famille seuls aient prêté ; que tous les prêteurs, également étrangers aux affaires, soient tous également victimes de leur impéritie.

N'est-il pas plus vraisemblable que la classe des prêteurs soit composée de citoyens de toute espèce, les uns riches, les autres pauvres, les uns pères de famille, les autres célibataires, les uns sans expérience, les autres très-adroits, et beaucoup trop adroits en spéculation, sa-chant à propos débarrasser leurs porte-feuilles de papier - monnoie qui y auroient péri.

Les uns ont placé le produit de rembourse-mens (1).

D'autres ont prêté leur superflu ; d'autres, enfin, ont vendu une pièce de terre, ou quelques meubles inutiles, quelques louis, pour se procurer une masse d'assignats considérable, dans le fol et usuraire espoir de toucher un jour la même somme nominale en numéraire : ils veulent aujourd'hui réaliser cet espoir.

Au reste, il est échappé aux pétitionnaires un aveu bien précieux ; ils reconnoissent qu'en 1794 et 1795, la valeur des immeubles s'étoit accrue considérablement.

De cet aveu, il résulte que la valeur *réelle* de l'assignat avoit diminué précisément dans la même proportion que celle des terres s'étoit augmentée, puisque les terres sont la véritable richesse, et que les assignats n'étoient qu'un signe purement représentatif, et de simple convention.

De cet accroissement du prix des immeubles, de celui de toutes les denrées qui en étoit une

____

(1) C'est le plus petit nombre ; car, suivant le proverbe très-vrai, malgré sa trivialité, *chat échaudé*, etc. ; il faut croire que ceux qui ont éprouvé des remboursemens désastreux, ont dû craindre de courir la même chance, et ont placé leurs fonds en immeubles.

suite, il résultoit, par une conséquence nécessaire, que le papier-monnoie ne représentoit
plus sa valeur nominale, qu'il n'étoit par conséquent plus qu'*une image imparfaite de l'or et
de l'argent.*

Les pétitionnaires ne font pas preuve de
bonne foi, quand ils osent assurer qu'ils n'ont
jamais même entrevu cette vérité.

Voyons ce qui les a entretenu dans leur prétendue erreur.

PAGES 6 et 7.

Comment aurions-nous pu croire à une
différence de valeur entre l'assignat et l'or,
lorsque les matières précieuses portées dans
les dépôts publics, le prix des biens confis-
qués, et depuis restitués, se payoient en
papier-monnoie valeur nominale, lorsque
la faulx révolutionnaire moissonnoit les dé-
préciateurs d'assignats, lorsque la loi du
12 avril 1793 défendoit les stipulations en
valeur métallique ?

RÉPONSE.

Ainsi, les pétitionnaires n'excipent unique-
ment, pour appuyer leur prétention, que
d'opérations injustes faites forcément par le
gouvernement, que d'institutions de lois révolutionnaires. Qui d'entr'eux oserait soutenir

que, dans le cours de l'an 3 et de l'an 4, il a donné indifféremment du numéraire au lieu de papier-monnaie, qu'il a vendu ses terres, ses marchandises, en assignats au cours de 1790.

Or, si les assignats étoient dépréciés, s'ils avoient perdu partie de leur valeur entre les mains du prêteur, par quel miracle auroient-ils pu se trouver au pair de l'or, du moment qu'ils sont entrés dans les mains de l'emprunteur ? Ce système n'est-il pas absurde, peut-il être justifié par des loix abrogées et dont le souvenir seul fait frémir ?

P A G E S 7, 8 et 9.

Les créanciers qui sont *à vos pieds* (1), sont dénués de ressources, ont tout vendu pour vivre.

Les débiteurs sont, à quelques exceptions près, de nouveaux riches, dont le luxe insolent remplace celui des anciens nobles, et des émigrés fastueux.

En ordonnant le paiement en écus de la valeur stipulée en assignats, vous ne ferez, en quelque sorte, qu'associer les

------

(1) Que ces expressions *sont viles* ! au reste elles sont analogues au ton de la *prétendue* pétition et à l'esprit qui la dictée.

créanciers à une portion des bénéfices faits par leurs débiteurs.

Quelque soit le terme que vous fixerez, nous n'en murmurerons jamais.

R E P O N S E.

Toujours le même système de la part des pétitionnaires : toujours des suppositions favorables aux créanciers, défavorables ou calomnieuses pour les débiteurs. Comme si les législateurs, impassibles ainsi que la loi, qui ne marchent ou ne veulent jamais marcher qu'éclairés du flambeau de la vérité, pouvaient baser une loi sur des suppositions, sur de simples allégations, même sur des faits isolés et particuliers.

Comme si, en rendant la loi à intervenir, ils ne devoient pas calculer avant tout, la possibilité de son exécution, eu égard à la rareté effrayante du numéraire, et sur-tout à la nature et à la proportion des valeurs, qui purement conventionnelles, doivent être aujourd'hui remplacées et acquittées par *des valeurs réelles et presqu'invariables.*

L'esprit usuraire qui a dicté la pétition se manifeste évidemment à la fin.

Les pétitionnaires demandent formellement d'être associés aux bénéfices faits par les emprunteurs, bénéfices allégués, qui, s'ils sont supposés, ne peuvent être partagés; s'ils sont réels, ne peuvent être la propriété de simples prêteurs qui n'ont jamais été associés, puisque, comme on l'a déjà dit, *le prêt est exclusif de l'idée de société.*

Enfin, ce qui caractérise encore plus précisément l'intention usuraire, ce qui prouve que les pétitionnaires ne sont pas dénués de ressources, qu'ils n'ont prêté que leur superflu, c'est qu'ils n'insistent point sur leur prochain paiement; qu'on leur donne des *écus* pour des *assignats*, c'est-à-dire, qu'on leur donne 100 fois 100 fois leurs capitaux, *dans les termes qui seront par vous fixés,* disent-ils, *nous ne murmurerons jamais, QUELQUES LONGS QU'ILS PUISSENT ÊTRE.* Ainsi « ces misérables ren-
« tiers, *sans état,* ces vieillards *sans ressources,*
« ces femmes, etc. auxquelles il ne restoit
« *d'autre ressource* que *de confier leurs capitaux au*
« premier *intrigant* qui vouloit s'en emparer »
(1), se transforment sur-le-champ en gens aisés, qui peuvent long-temps attendre la rentrée de leurs chers écus : ils n'en ont point besoin pour vivre. Heureux miracle de la cupidité !

---

(1) Ce sout les propres expressions des pétitionnaires. Papes 7 et 8.

PAGE 10.

Si les capitaux dont nous demandons la restitution en espèces d'or et d'argent, nous étoient dûs par la république, nous en ferions volontiers le sacrifice. Réduisez, s'il le faut, nos inscriptions sur le grand livre, diminuez les rentes viagères créées sous les deux derniers règnes, et dont les capitaux, placés à un intérêt usuraire, nous ont été déjà réversés plusieurs fois.

RÉPONSE.

Nous croyons que le désintéressement des pétitionnaires n'est qu'affecté, qu'ils se sont débarrassés de leurs créances sur l'état, ou qu'ils sont bien fortunés, puisqu'ils provoquent spontanément la diminution des rentes.

Il existe un moyen bien sûr de les associer à la fortune publique, de satisfaire leur patriotisme, c'est d'autoriser ceux de leurs débiteurs qui sont créanciers de l'état à les payer en inscriptions sur le grand livre. Déjà nous avons développé ce mode de libération dans un écrit particulier (1).

A l'égard des rentes viagères, dont les pétitionnaires osent prendre sur eux de demander

____

(1) On le trouve chez Desenne, libraire, Palais-Egalité.

la réduction, de quel droit une trentaine d'individus osent-ils faire une pareille offre, au nom de grand nombre de citoyens qui, ou créanciers ou débiteurs, assiégés peut-être de besoins, n'ont d'autre ressources, d'autres moyens d'existence que la plus sacrée, que la plus respectée des créances, des rentes viagères.

Cet extrait particulier de la pétition prouve, que les auteurs se sont couverts du masque du patriotisme; ce masque enlevé, ne découvre plus que la figure livide et cadavéreuse de l'usure et de la calomnie réunies.

OLLIVIER, homme de loi.

SE TROUVE A PARIS,

Chez DESENNE, Imprimeur-Libraire, Maison Egalité, Nos. 1 et 2 ;

Chez L'Auteur, place Thionville, No. 14 ;

Et chez tous les Marchands de Nouveautés.